Dieses Buch gehört:

_____

© 2022 Weltentdecker Verlag, Stuttgart
Hackstraße 88, 70190 Stuttgart
www.weltentdecker.me
Alle Rechte vorbehalten, auch auszugsweise

ISBN 978-3-910368-00-2

Text copyright © 2021 Vesna Mišanović
Illustrationen copyright © 2022 Nina Mašina
Lektorat: Cordula Carla Gerndt
Spielzeugdesign: Kištra by Vavra
Übersetzung ins Englische: profis.ba

Verfügbare Textübersetzungen: Bosnisch, Chinesisch, Englisch, Italienisch, Kroatisch, Serbisch, Ukrainisch

Printed in the European Union

Vesna Mišanović

WUNDERBARE

MARVELOUS WORLD

WELT

ILLUSTRATION
Nina Mašina

WELT
ENTDECKER

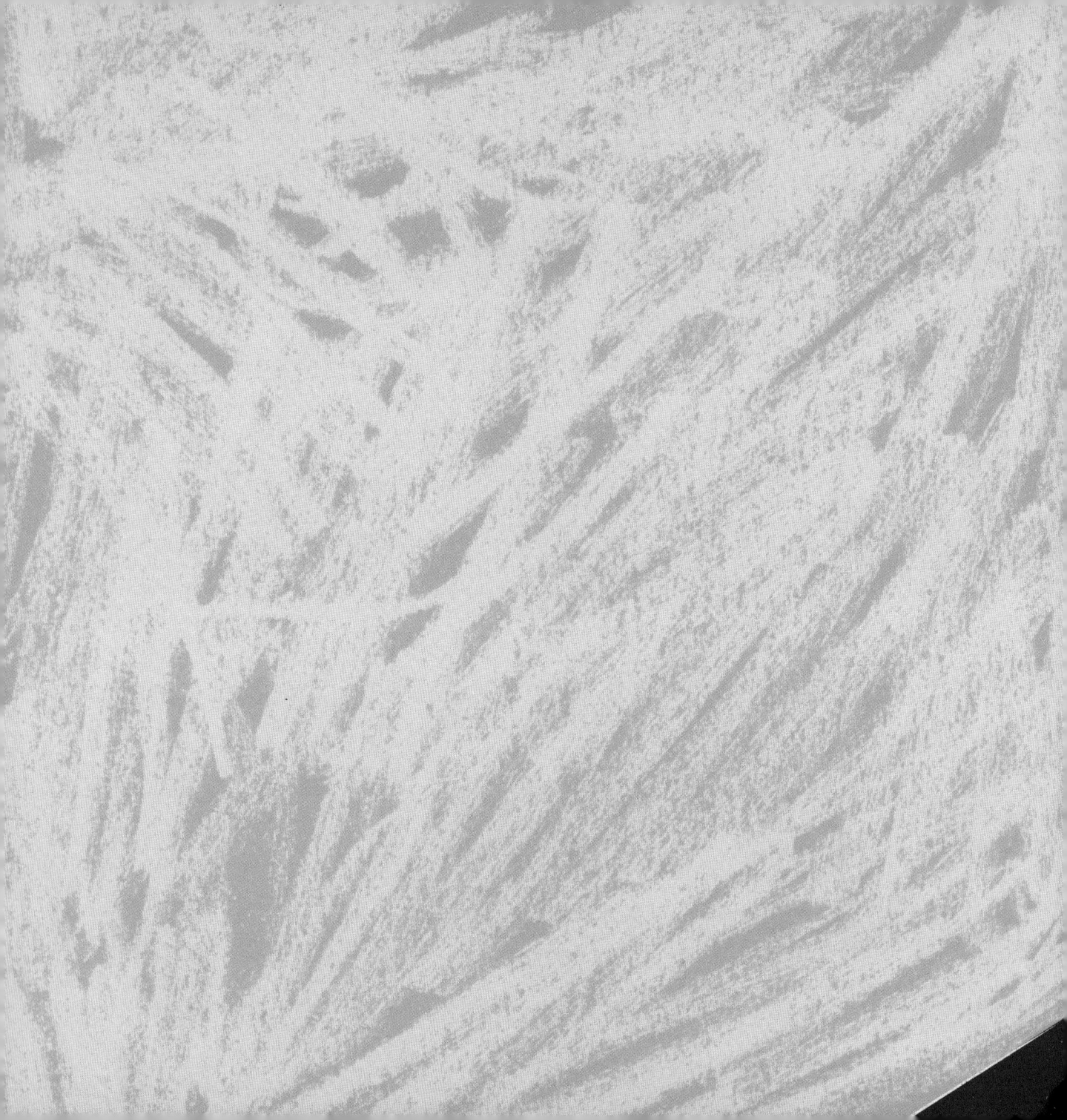

Pssssssst!

Sonst kommt keiner raus.

Zuerst kommt
eine Maus raus.

„Guten Tag!"

Und dann kommt
eine Katze raus.

"Guten Tag!"

Und die Maus?

Die Maus bekommt Angst! Sie denkt:
„Die Katze frisst mich bestimmt gleich."

Aber dann kommt
ein Hund raus.
„Guten Tag!"

Die Katze bekommt Angst!
Sie denkt: „Der Hund beißt mich bestimmt gleich."
Und die Maus denkt:

„Die Katze frisst mich bestimmt gleich."

Doch dann ...
... dann kommt ein Wolf raus.

„Guten Tag!"

Der Hund bekommt Angst!
Er denkt:
„Der Wolf greift mich
bestimmt gleich an."

Die Katze denkt:
„Der Hund beißt mich
bestimmt gleich."

Doch dann kommt
ein Mann raus.
Er sieht den Wolf und vergisst,

„Guten Tag"

zu sagen.

Der Mann denkt:

„Ein Wolf!
Gefährlich!

Warum jagt ihn
der Hund nicht fort?"

Und der Wolf denkt:

„Ein Mann!
Gefährlich!

Das ist bestimmt ein Jäger!"

Aber dann kommt
eine Frau raus.
Sie sieht die Maus und schreit:

„Hilfeeeeeeeee! Eine Maus!"

Doch dann kommt
ein Kind raus.
Es sieht eine Maus, eine Katze, einen Hund,
einen Wolf, einen Mann und eine Frau.
Das Kind lacht und ruft:

„Wie wunderbar,
dass ihr alle da seid!"

MARVELOUS WORLD

Shhhh!
Be quiet now
if you wish to see the mouse

The mouse comes out first,
shyly declaring:
„Good day!

Then out comes the cat:
„Good day!
And that's that!"

The mouse, worried,
started to fear:
"What if that cat
comes near?"

But right at that moment,
a dog came by,
and wished everyone
a simple "Hi!"

And the cat?
Its hair went up
and it became smitten:
"I think I may be about to get eaten!"

The scaredy mouse
still fraught with fear
because it was thinking
"The cat is still near!"

And then a twist.
The wolf came by
with a strange curtsy
and wished everyone a
lively "Hi!"
The dog whistled:
"I'm about to be eaten,
by a wolf no less!"
The cat was worrying
about the dog's being.
And the mouse thought about
what the cat
might be thinking.

And then – silence.
Out came a man.
At the wolf he looked,
his hands shook, hey
forgetting all about the
warm good day!

With a look of fear he wondered:
Why does the dog not bark?
"The hunter from that known fairy tale?"
The wolf pondered.
"What of the dog?",
the cat was still concerned.
And the mouse thought about
what the cat
might be thinking.

And then a woman came out,
still a bit sleepy
saw the mouse,
she rushed toward the house!

And then, don't you worry,
a child came near.
Looked at the mouse, cat, dog,
wolf, man and woman,
smiled and said:

"Isn't the world so marvelous
with all of us here!"

Vesna Misanovic, Schachgroßmeisterin und Trägerin olympischer Medaillen, hat mehrere Preise gewonnen, darunter den Preis "Freiheit" des Internationalen Friedenszentrums und den Preis "Frau des Jahres" in ihrem Heimatland Bosnien. Sie ist Mutter von drei Kindern und arbeitet derzeit als Strategiechefin bei Autonomous Mobility.

Nina Mašina (Aleksandra Nina Knežević) ist eine Künstlerin und Illustratorin aus Sarajevo. Ihre Arbeit ist frisch und kontemporär und vermittelt mit spielerischer Typografie und Grafik eine internationale Bildsprache. Ihre Projekte wurden weltweit ausgezeichnet und 2010 wurde ihre Arbeit in die Liste der 200 besten Illustratorinnen der Welt aufgenommen. Sie illustrierte auch die Cover-Seiten der Harry-Potter-Bücher.
#ninamašina